Unia Genosis

ROSEN-KRIEG - Zweiter Band

Unia Genosis

ROSEN-KRIEG - Zweiter Band

"war of the roses" / "guerre des roses"

Goldene Rakete Verlag für Belletristik

Imprint

Cover image: www.ingimage.com

Publisher:
Goldene Rakete Verlag für Belletristik
is a trademark of
International Book Market Service Ltd., member of OmniScriptum Publishing Group
17 Meldrum Street, Beau Bassin 71504, Mauritius

Printed at: see last page
ISBN: 978-620-2-44412-5

Inhaltsverzeichnis:

I. Umgangsrecht (2011):

1. Schreiben Kanzlei „Schleiereule“:[1]

Eilt – bitte sofort vorlegen!

Sehr geehrter Herr Kollege,

in obiger Angelegenheit ist es aus aktuellem Anlass dringend erforderlich, dass das Umgangsrecht mit den beiden Kindern geregelt wird.

Zunächst möchten wir feststellen, dass wir die gesundheitlichen Beeinträchtigungen Ihres Mandanten aufgrund seines Schlaganfalls sehr bedauern. Jedoch haben sich im Zusammenhang mit der Erkrankung Ihres Mandanten in den letzten Wochen aus Sicht der Kinder etliche Situationen ergeben, die von diesen so nicht verkraftet werden können und die nicht dem Kindeswohl dienen.

Die ältere Tochter ist seinerzeit beim Krankenbesuch des Vaters im Krankenhaus kollabiert und kommt mit der psychischen und physischen Situation Ihres Mandanten nicht zurecht. Die jüngere Tochter ist mittlerweile in kinder-psychologischer Behandlung bei dem Diplom-Psychologen. Er ist ein äußerst erfahrener und

[1] 31.10.2011

anerkannter Kinderpsychologe. Auch die ältere Tochter wird dort behandelt werden müssen.

Die Besuche der Kinder bei Ihrem Mandanten sehen derzeit so aus, dass die jüngere Tochter bei ihrem Vater im Bett schläft und die ältere Tochter auf einer Luftmatratze, die ein Loch hat und morgens platt ist, übernachtet. Ihr Mandant hat den Kindern erklärt, demnächst sollen sie dann abwechselnd in seinem Bett schlafen.

Ansonsten ist Ihr Mandant zur Zeit der Auffassung, dass ihm die Kinder „krankengymnastisch“ helfen sollten. Im Verlauf der Besuche der Kinder bei ihm erklärte er ihnen ab und an, wenn diese meinen, er solle sich nicht so aufregen, dass er dann eben „abkratze“. Ihr Mandant hat diese Wutausbrüche in der Regel dann, wenn an seinem PC etwas nicht funktioniert.

Ihr Mandant droht den Kindern permanent, sich etwas anzutun. Bei dem letzten Besuch ging er dann weg, um etwas einzukaufen und er sagte, dass er möglicherweise gar nicht wieder komme. Sie, verehrter Kollege, können sich sicher vorstellen, was in den Kindern in dieser Zeit vor sich ging.

Die jüngere Tochter ist mittlerweile völlig eingeschüchtert, wenn sie zum Vater fährt. Sie nässt wieder ein und diese Reaktion verschwinde erst, wenn sie den Vater längere Zeit nicht sieht.

Bei den Besuchswochenenden in der Wohnung des Vaters ist zudem eine ordentliche Ernährung der Kinder leider auch nicht gewährleistet.

Bislang hatten die Parteien das Umgangsrecht so geregelt, dass die Kinder an jedem 2. Wochenende mit 2 Übernachtungen, von Freitag 15:00 Uhr bis Sonntag 17:00 Uhr, bei dem Vater verbracht haben. Die Ausübung des Umgangsrechts erfolgte auch außerhalb dieser Zeiten nach Absprache der Parteien.

Da sich die psychische Situation der beiden Mädchen vor dem letzten Wochenende, an dem eigentlich das Besuchsrecht wieder ausgeübt werden sollte, drastisch verschlimmerte, hat unsere Mandantin davon abgesehen, Ihrem Mandanten die Kinder zu bringen. Dies nicht, um Ihren Mandanten zu ärgern, sondern aus Sorge um das Wohl der Kinder.

Das Umgangsrecht muss daher neu geregelt werden, unter der Berücksichtigung der Tatsache, dass zumindest Ihr Mandant, wenn er alleine in seiner Wohnung ist, nicht in der Lage ist, sich das ganze Wochenende ordnungsgemäß um die Kinder zu kümmern, ganz abgesehen davon, dass es offensichtlich keine angemessene Übernachtungsmöglichkeit für die beiden Mädchen bei ihm gibt.

Wir schlagen daher vor, dass ab sofort die Umgangskontakte ausschließlich bei der Mutter Ihres Mandanten, in deren Haus, stattfinden. Wir bitten Sie, diese Möglichkeit mit Ihrem Mandanten und seiner Mutter zu besprechen und uns mitzuteilen, ob die Umgangskontakte so geregelt werden können. Bis dahin lehnt unsere Mandantin einen Aufenthalt der Kinder in der Wohnung Ihres Mandanten ab.

Abschließend möchten wir darauf hinweisen, dass unsere Mandantin ausschließlich zum Wohle der beiden Kinder handelt, jedoch leider keine andere Möglichkeit sieht, als so vorzugehen.

In Erwartung Ihrer baldigen Stellungnahme verbleiben wir
Mit freundlichem kollegialem Gruß

Rechtsanwältin

2. Schreiben Kanzlei „ehr&wehr“:[2]

Sehr geehrte Frau Kollegin,

in der vorbezeichneten Angelegenheit müssen die Ausführungen in Ihrem Schreiben vom 31.10.2011 insgesamt nachdrücklich zurückgewiesen werden.

Davon, dass die älteste Tochter beim Krankenhausbesuch des Vaters kollabiert ist, ist unserem Mandanten nichts bekannt. Der Besuch im Krankenhaus noch am Tage nach dem Schlaganfall war deplaziert und beruhte ausschließlich auf der Entscheidung Ihrer Mandantin.

Die Umgangskontakte der Kinder bei unserem Mandanten sind nun wirklich völlig falsch geschildert und zum Teil von Ihrer Mandantin frei erfunden. Abgesehen davon, dass eines der Kinder ständig bei Ihrer Mandantin im Bett schläft und das andere auf einer Matratze auf dem Boden, ist die Unterkunft der Kinder bei unserem Mandanten falsch geschildert. Auch die Sache mit der „Luftmatratze“, wobei es sich um ein großes aufblasbares Gästebett handelt, ist unrichtig geschildert. In der Tat war einmal ein Loch darin, das aber dann umgehend geflickt wurde.

Die Kinder sind auch nicht krankengymnastisch eingespannt bei unserem Mandanten. Unser Mandant droht den Kindern nicht, sich etwas anzutun. Er hat die Kinder zu keinem Zeitpunkt allein gelassen, wenn er etwas einkaufte, sondern war durch die Kinder begleitet. Die behauptete Äußerung ist nicht getan worden. Unsinn ist auch, die

[2] 02.11.2011

ordentliche Ernährung der Kinder sei bei unserem Mandanten nicht gewährleistet.

Ihre Mandantin wird aufgefordert, die aus diesem insgesamt unzutreffenden Sachverhalt gezogene Folgerung, das Umgangsrecht der Kinder zu unterbinden, nachzudenken. Zur Revidierung dieses Entschlusses Ihrer Mandantin muss ich eine Frist **bis zum 10.11.2011** setzen. Sollte Ihre Mandantin bis zu diesem Zeitpunkt nicht erklären, dass der Umgang der Kinder mit dem Vater wie bisher gehandhabt wird, werden wir dem Mandanten raten, im Wege einer einstweiligen Anordnung gerichtliche Hilfe zu beantragen.

Unabhängig hiervon wird Ihre Mandantin aufgefordert, **bis Freitag, den 4. November 2011, 10.30 Uhr**, unserem Mandanten das Okay zu geben, dass die Kinder bis spätestens 15.45 Uhr zu unserem Mandanten kommen, damit dieser kurz nach 16.00 Uhr den Bus mit den Kindern nehmen kann, um dann mit dem Zug zu seiner Mutter zu fahren. Er wird das Wochenende dann gemeinsam mit den Kinder hier bei seiner Mutter verbringen.

Die entsprechende Nachricht kann telefonisch oder besser per E-Mail an unseren Mandanten und bitte gleichzeitig auch an uns erfolgen.

3. <u>Schreiben Kanzlei „Schleiereule“:</u>[3]

Sehr geehrter Herr Kollege,

in obiger Angelegenheit nehmen wir Bezug auf Ihr Schreiben vom 02.11.2011.

Da die Situation zwischen den Parteien bezüglich des Umgangsrechtes verfahren ist, ist es unseres Erachtens erforderlich, das Jugendamt erneut einzuschalten, damit eine dem Wohl der Kinder angemessene Umgangsregelung gefunden werden kann.

Es wird darauf hingewiesen, dass die Sachbearbeiterin, Frau Rechtanwältin, erst wieder ab dem 15.11.2011 erreichbar ist.

Mit freundlichem kollegialem Gruß

Rechtsanwalt

[3] 07.11.2011

4. Schreiben Kanzlei „ehr&wehr":[4]

Sehr geehrter Herr Kollege,

in der vorbezeichneten Angelegenheit muss ich Ihrem Schreiben vom 07.11.2011 widersprechen. Keineswegs ist die Situation zwischen den Parteien bezüglich „des Umgangsrechts verfahren", sondern Ihre Mandantin maß sich an, einseitig die Kinder gegenüber unserem Mandanten zu isolieren.

Ich darf darauf hinweisen, dass beide Eheleute das Sorgerecht einschließlich des Aufenthaltsbestimmungsrechts haben und das Verhalten Ihrer Mandantin eklatant gegen die Rechte unseres Mandanten verstößt – ganz abgesehen von einer Verletzung des Rechtes der Kinder auf Umgang mit ihrem Vater.

Es bleibt bei der gesetzten Frist. Sollte diese nicht eingehalten werden, wird das Gericht eingeschaltet.

Mit freundlichen kollegialen Grüßen

Rechtsanwalt

[4] 08.11.2011

5. Schreiben Kanzlei „Schleiereule“:[5]

Sehr geehrter Herr Kollege,

in obiger Angelegenheit nehmen wir Bezug auf Ihr Schreiben vom 08.11.2011.

Unsere Mandantin hat zwischenzeitlich das Jugendamt über die jetzige Situation informiert und um Vermittlung gebeten. Es wird klargestellt, dass unsere Mandantin keineswegs die Kinder isolieren möchte. Allerdings kommt für sie derzeit lediglich ein begleiteter Umgang durch das Jugendamt in Betracht. Es sollte nunmehr abgewartet werden, inwiefern eine Vermittlung möglich ist.

Sollte für Ihren Mandanten eine Vermittlung durch das Jugendamt nicht mehr in Frage kommen, so können Sie uns als verfahrensbevollmächtigt ansehen.

Mit freundlichem kollegialem Gruß

Rechtsanwalt

---

[5] 09.11.2011

6. Schreiben Kanzlei „ehr&wehr“:[6]

Antrag auf einstweilige Anordnung
zur Regelung des Umgangsrechtes

des Herrn A., Antragstellers,
gegen Frau G., Antragsgegnerin.

Namens und im Auftrag des Antragstellers, ordnungsgemäße Bevollmächtigung versichernd, beantragen wir

den Erlass einer einstweiligen Anordnung zur Regelung des Umgangs des Antragstellers mit den beiden Kindern der Verfahrensbeteiligten.

Es wird beantragt,

den Umgang des Antragstellers mit den Kindern, beide mit Aufenthalt bei der Antragsgegnerin, wie folgt zu regeln:

1.
Der Antragsteller ist berechtigt, die beiden Kinder am Montag, dem 26.12.2011, 10.00 Uhr, bis zum 28.12.2011, 19.00 Uhr, zu sich zu nehmen und in dieser Zeit mit den beiden Kindern hier bei seiner Mutter Umgang zu pflegen.

[6] 06.12.2011

2.

Der Antragsteller ist berechtigt, mit den beiden Kindern 14tägig jeweils von Freitag, 15.00 Uhr, bis Sonntag, 17.00 Uhr, Umgang zu pflegen und die Kinder zu sich zu nehmen, beginnend mit dem 17./18. Dezember 2011.

Die Verfahrensbeteiligten sind getrennt lebende Eheleute. Vor dem Familiengericht fand ein Wohnungszuweisungsverfahren statt, aufgrund dessen die Antragsgegnerin mit den beiden Kindern in der Ehewohnung verblieb – sie ist Alleineigentümerin des Hauses, in welchem die Ehewohnung liegt.

Es fand dann in der Folgezeit regelmäßig Umgang des Antragstellers mit den Kindern statt, bis der Antragsteller am 01.08.2011 einen Schlaganfall erlitt, aufgrund dessen nach Krankenhausaufenthalt und Rehabilitation derzeit die Nutzung des rechten Armes und der rechten Hand retardiert und etwas eingeschränkt ist, ebenso beim Gehen noch eine Einschränkung bezüglich des rechten Beines vorliegt. Die Benutzung eines Stockes hierzu ist nicht erforderlich.

Auch nach dem Schlaganfall und während der Rehabilitationszeit fand Umgang des Antragstellers mit den Kindern statt. Nunmehr nimmt die Antragsgegnerin sich das Recht heraus, in die Rechte der Kinder und die Rechte des Antragstellers auf Umgang miteinander derart einzugreifen, dass sie dem Antragsteller den bisherigen Umgang mit den Kindern untersagt und die Kinder vom Antragsteller völlig isoliert. Der letzte Umgang fand am 16.10.2011 statt.

Es ging los mit dem Schreiben der Rechtsanwälte vom 31.10.2011, welches als **Anlage** in Kopie überreicht wird. Dieses Schreiben ist voll von Unwahrheiten und Unverschämtheiten und suggeriert, wie es heute schon leider üblich ist, wenn einem Elternteil – natürlich den Männern – Umgang mit den Kindern verweigert werden soll, unausgesprochen Verdächtigungen dahingehend, dass das Kindeswohl durch den Umgang mit dem Vater gefährdet sei. Zu diesem mit Unwahrheiten gespickten Schreiben wurde mit dem in Kopie als **Anlage** beigefügten Anwaltsschreiben vom 02.11.2011 erwidert. Auf dieses Schreiben nehmen wir vollinhaltlich Bezug und machen den Inhalt zum Vortrag im vorliegenden einstweiligen Anordnungsverfahren.

Nachdem die Antragsgegnerin zunächst mit ihrem Schreiben vom 31.10.2011 erklärt hatte, ab sofort sollten die Umgangskontakte ausschließlich bei der Mutter des Antragstellers und in deren Wohnung stattfinden und nachdem der Antragsteller für den Umgang am Wochenende des 4. bis 6. November anbot, diesen bei der Mutter durchzuführen, verstieg sie sich zu der völligen Blockade des Umgangs.

Auf das entsprechende Schreiben wurde erst gar nicht geantwortet bzw. erst mit Schreiben vom 07.11.2011 erklärt, die Sachbearbeiterin sei erst ab 15.11. wieder erreichbar. Hierauf wurde mit Anwaltsschreiben vom 08.11.2011 reagiert, dieses Schreiben wird als **Anlage** in Kopie beigefügt.

Dem Antragsteller sind bis zum heutigen Tage die Kinder vorenthalten und verweigert worden. Er nahm zu dem Jugendamt daraufhin telefonisch Kontakt auf und hatte ein Gespräch mit dem Jugendamt und hat zugestimmt, ein Vermittlungsgespräch beim Jugendamt zu führen, das dann am 24.11.2011 stattfand, jedoch kein Ergebnis brachte, vielmehr eine Verhärtung der Haltung der Antragsgegnerin, wie schon im Anwaltsschreiben vom 09.11.2011 angedeutet, sie sei nur mit einem 14tägigen durch das Jugendamt begleiteten Umgang einverstanden.

Dies ist nicht nur eine Zumutung, sondern ein derart eklatanter Eingriff sowohl in das Recht der Kinder als auch in das Recht des Antragsstellers, dass hiermit selbstverständlich kein Einverständnis besteht. Dem Antragsteller drängt sich vielmehr der Eindruck auf, dass die immer wieder von der Antragsgegnerin vorgeschobene angebliche psychische Belastung der Kinder mehr von der Antragsgegnerin ausgeht, als von jemand anderem.

Es stellt sich vielmehr so dar, dass die Antragsgegnerin ihre eigenen psychischen Probleme und ihre Aversion gegen den Antragsteller auf die Kinder projiziert bzw. durch ihren Umgang mit den Kindern hinein-„erzieht". Aufgrund der grundlos das Elternrecht des Antragstellers missachtenden Einstellung der Antragsgegnerin, womit sie gleichzeitig auch das Recht ihrer Kinder missachtet, ist es geboten, im Wege der einstweiligen Anordnung dem Recht der Kinder und des Antragstellers zur Durchsetzung zu verhelfen.

Es wird beantragt,

der Antragsgegnerin aufzugeben, dem Antragsteller zu den jeweiligen Umgangsterminen die Kinder herauszugeben und die Antragsgegnerin über die Folgen einer Zuwiderhandlung zu belehren.

Rechtsanwalt

7. Schreiben des Amtsgerichts:[7]

In Sachen
Herr A./.Frau G.
Wg. Umgangsrecht eA

Sehr geehrte Frau G.,

im oben bezeichneten Verfahren wurde Termin zur Anhörung bestimmt auf:

Montag, den 02.01.2012, um 10:00 Uhr
im Justizgebäude

Zu diesem Termin werden Sie hiermit geladen.

Ihr persönliches Erscheinen zum Termin ist angeordnet.

Mit freundlichen Grüßen

Die Geschäftsstelle des Amtsgerichts

Amtsinspektorin

[7] 08.12.2011

8. Schreiben Kanzlei „Schleiereule“:[8]

Sehr geehrter Herr Kollege,

in obiger Angelegenheit nehme ich Bezug auf unser gestriges Telefongespräch und teile Ihnen nach ausführlicher Rücksprache mit meiner Mandantin bzgl. Des Umgangsrechts an Weihnachten folgendes mit:

Unsere Mandantin hat beide Kinder gefragt (auf Anraten des Kinderpsychologen), ob sie ihren Vater an Weihnachten besuchen wollen. Die jüngere Tochter hat den Kopf geschüttelt, während die ältere meinte, sie wolle den Vater schon wegen der Geschenke sehen.

Im Hinblick auf die ohnehin schon für die Kinder extrem angespannte Situation schlägt meine Mandantin vor, dass sie an Heiligabend Ihren Mandanten, zusammen mit den beiden Kindern, in seiner Wohnung gegen 15:00 Uhr für die Dauer von etwa 1 Stunde – je nach Situation kürzer oder länger – besuchen wird.

Die Kinder werden dann ihre Weihnachtsgeschenke für den Vater mitbringen und dieser hat die Möglichkeit, ihnen auch seine Geschenke zu überreichen und gegebenenfalls auch die der Oma.

Diese Art Treffen hätte aus Sicht der Kinder den großen Vorteil, dass sie nicht mit der kompletten Familie Ihres Mandanten zusammentreffen,

[8] 17.12.2011

sondern als originäre Familie ein friedvolles Zusammenkommen der Eltern erleben.

Gerade aufgrund der Tatsache, dass die Kinder dringend einer psychotherapeutischen Behandlung bedürfen und eine Annäherung an den Vater erst allmählich und im geschützten Rahmen wieder erfolgen sollte, halte ich diesen Vorschlag zum Wohle der Kinder für angemessen und situationsgerecht.

In diesem Zusammenhang bitte ich Ihren Mandanten, sein schriftliches Einverständnis zur psychotherapeutischen Behandlung beider Mädchen bei dem Diplom-Kinderpsychologen zu erteilen. Die probatorischen Sitzungen sind für beide Kinder abgeschlossen und es stehen für die Bewilligung der Kostenübernahme durch die Krankenkasse nur noch die Konsiliarberichte des Kinderarztes aus, die in Kürze vorgelegt werden können.

Anbei überreiche ich daher einen vorformulierten Text meiner Mandantin, mit einer handschriftlichen Ergänzung von mir, mit der Bitte um Unterzeichnung und Rücksendung direkt an den Kinderpsychologen. Gegebenenfalls sollte Ihr Mandant auch unmittelbar mit dem Kinderpsychologen Kontakt aufnehmen.

Bezüglich der vorgeschlagenen Umgangsregelung für Weihnachten bitte ich um Stellungnahme **bis spätestens zum 22.12.2011**.

Mit freundlichem kollegialem Gruß

Rechtsanwältin

8. Schreiben Kanzlei „ehr&wehr“:[9]

Sehr geehrte Frau Kollegin,

in der vorbezeichneten Angelegenheit darf ich nach Rücksprache mit meinem Mandanten folgendes ausführen:

Ohne dass hier die einseitig bestimmende Haltung Ihrer Mandantin akzeptiert würde, ist unser Mandant bereit, auf den Vorschlag Ihrer Mandantin einzugehen.

Allerdings würde unser Mandant es vorziehen, wenn die Begegnung in seiner Wohnung am 24.12. vormittags um 11.00 Uhr stattfinden könnte, da geplant war, nachmittags zu seiner Mutter zu fahren.

Sollte Ihre Mandantin jedoch auf dem Termin 15.00 Uhr bestehen, wird dies akzeptiert. Dieses Treffen könnte auch am 23.12. nachmittags stattfinden.

Mit freundlichen Grüßen

Rechtsanwalt

[9] 19.12.2011

9. <u>Schreiben Kanzlei „Schleiereule“:</u>[10]

Sehr geehrter Herr Kollege,

in obiger Angelegenheit nehme ich Bezug auf Ihr genanntes Schreiben, dessen Inhalt ich mit meiner Mandantin besprochen habe.

Ich möchte nicht noch einmal wiederholen, warum es insbesondere zum Wohle der Kinder ist, wenn sich die „Kernfamilie“ ohne weitere Familienangehörige zu Weihnachten trifft und verweise somit auf mein vorangegangenes Schreiben.

Meine Mandantin erklärt sich bereit, Ihren Mandanten in seiner Wohnung am 24.12.2011 bereits um 14:00 Uhr mit den Kindern aufzusuchen. Dann ist es Ihrer Partei auch noch möglich, rechtzeitig an diesem Tag zu seiner Mutter zu fahren.

Sollte sich allerdings die Mutter Ihres Mandanten zu diesem Zeitpunkt in der Wohnung Ihres Mandanten aufhalten, so wird meine Mandantin umgehend mit den Kindern wieder nachhause fahren.

Sofern wir bis zum Freitag, den 23.12.2011, keine Bestätigung des Treffens in dem von uns vorgeschlagenen Rahmen seitens Ihres Mandanten erhalten, wird meine Mandantin davon ausgehen müssen, dass eine Zusammenkunft am 24.12.2011 nicht zu Stande kommt.

---

[10] 22.12.2011

Mit freundlichem kollegialem Gruß

Rechtsanwältin

10. Schreiben Kanzlei „ehr&wehr":[11]

Eilt – Verhandlungstermin am Montag, den 02.01.2012 !

In der Familiensache
Herr A./. Frau G.
wg. Umgangsrecht, e.A.

zeigen wir zunächst an, dass wir die Antragsgegnerin in diesem Verfahren anwaltlich vertreten.

Wir werden **beantragen, einen begleiteten Umgang zu beschließen,**

dessen Ausgestaltung zum Wohle der Kinder noch im Einzelnen im Verhandlungstermin, zusammen mit der Sachbearbeiterin des Jugendamts, zu erörtern ist.

Begründung:

Die beiden gemeinsamen Töchter der seit 16.12.2010 getrennt lebenden Verfahrensbeteiligten leben bei der Antragsgegnerin. Der seinerzeit ausgezogene Antragsteller hat eine Wohnung.

Nach dem vom Antragsteller erlittenen Schlaganfall am 01.08.2011 gestalteten sich die Umgangskontakte der beiden Kinder mit ihrem Vater zunehmend problematischer. Beide Kinder kamen in der Regel völlig verstört von ihren Besuchen beim Vater nachhause. Die jüngere Tochter

[11] 29.12.2011

nässte dann zunächst wieder ein und die ältere Tochter reagierte mit Selbstvorwürfen und Bauchschmerzen vor lauter Verantwortung, die sie glaubte, für ihren Vater tragen zu müssen.

Wie das erkennende Gericht dem ihm vorliegenden Schriftsatz der Unterzeichneten vom 31.10.2011 (Anlage 1 der Antragsschrift des Antragstellers vom 06.12.2011) entnehmen kann, hat die Antragsgegnerin ausschließlich zum Wohle der Kinder und zwar aus aktuellem Anlass eine Änderung der Umgangskontakte vorgeschlagen. Der Inhalt dieses Schriftsatzes wird hiermit ausdrücklich zum Vortrag der Antragsgegnerin in diesem Verfahren gemacht.

Die Unterzeichnende erspart es sich, hier im Detail auf die Reaktion durch den Antragsteller sowohl in dem Antwortschreiben seines Verfahrensbevollmächtigten (liegt dem Gericht als Anlage 2 zur Antragsschrift ebenfalls vor) als auch in der Antragsschrift Stellung zu beziehen. Es sei hier nur angemerkt, dass die verbale Ausdrucksweise nicht gerade förderlich ist, in der Sache eine Lösung im Interesse der beiden betroffenen Kinder näher zu kommen.

Die Antragsgegnerin hat es sich nicht leicht gemacht, wenn sie jetzt einen zunächst ausschließlich begleiteten Umgang fordert.

Schon vor und nochmals im Rahmen der Familienhilfe, die über einen längeren Zeitraum bis über die Trennung hinaus erfolgte, wurde deutlich, dass die beiden Kinder dringend einer psychotherapeutischen Behandlung bedürfen. Die Antragsgegnerin hat daraufhin über den Kinderarzt damit begonnen, die notwendigen Voraussetzungen für eine psychotherapeutische Behandlung, die auch von der Krankenkasse bezahlt wird, zu schaffen.

Es dürfte gerichtsbekannt sein, dass dies nicht ganz einfach ist und vor allem „probatorische Sitzungen“ beider Kinder beim Kinder-Psychologen und einen so genannten „Konsiliarbericht“ durch den Haus-Kinderarzt voraussetzt.

Da der Antragsteller eine solche Behandlung zumindest in der Vergangenheit für nicht notwendig erachtete, hat die Antragsgegnerin zunächst die entsprechenden Anträge alleine gestellt. Sie hat jedoch durch die Unterzeichnende mit Schriftsatz vom 16.12.2011 (Anlage **Ag 1**) den Antragsteller gebeten, sein schriftliches Einverständnis zur psychotherapeutischen Behandlung durch den Dipl.-Kinderpsychologen zu erteilen. Die Entscheidung darüber steht noch aus. Die Notwendigkeit der Behandlung ergibt sich auch aus dem in der Anlage **Ag 2** beigefügten Schreiben des Dipl.-Kinderpsychologen vom 20.12.2011.

Die in diesem Schreiben vorgeschlagene Regelung des Umgangsrechts an Weihnachten hat mittlerweile stattgefunden. Es bedurfte allerdings erst des weiteres Schriftverkehrs der Verfahrensbevollmächtigten – siehe Anlagen **Ag 3, Ag 4** und **Ag 5** –, damit der Umgangskontakt in der von der Unterzeichnenden vorgeschlagenen Art und Weise stattfinden konnte.

Bei der hier vorliegenden Sachlage, insbesondere unter Berücksichtigung der Tatsache, dass die beiden Kinder noch lange nicht in einem Alter sind, in dem sie „Verantwortung“ für den Vater übernehmen können, dies aber ganz offensichtlich bei den alleinigen

Besuchen bei ihm „müssen", ist nach diesseitiger Auffassung zum Wohle der Kinder vorerst ein nur begleiteter und mit engem zeitlichen Rahmen vorgegebener Umgangskontakt sinnvoll.

Dieser Schriftsatz wird mit heutigem Telefax dem Verfahrensbevollmächtigten des Antragstellers und dem Jugendamt direkt übersandt.

Rechtsanwältin

11. Vermerk des Amtsgerichts:[12]

Vermerk

aufgenommen in der nichtöffentlichen Sitzung des Amtsgerichts – Familiengericht –
am Montag, 02.01.2012

Gegenwärtig:

Richterin

Von der Zuziehung eines Protokollführers wurde gemäß § 28 Abs. 4 Satz 1 FamFG abgesehen.

In der Familiensache

Herr A. – **Antragsteller –**

gegen

Frau G. – **Antragsgegnerin –**

Weitere Beteiligte:

Kinder 1) und 2)

[12] 03.01.2012

Jugendamt

wegen einstweiliger Anordnung Umgangsrecht
erscheinen bei Aufruf der Sache:

1. **Antragstellerseite:**
   Herr A.

2. **Antragsgegnerseite:**
   Frau G.

3. **Jugendamt:**
   Sachbearbeiterin

Antragsgegner-Vertreterin überreicht Originalschriftsatz vom 29.12.2011. Abschriften haben die Beteiligten erhalten.

Die Sach- und Rechtslage wird ausführlich erörtert.

Auf Nachfrage gibt der Antragsteller an, dass er auf Grund seines Schlaganfalles letzten Jahres noch einige körperliche Einschränkungen habe. Er habe eine eingeschränkte Beweglichkeit auf der rechten Seite sowie an manchen Tagen eine eingeschränkte Konzentrationsfähigkeit. Er sei noch immer in Behandlung.

Die psychischen Probleme der beiden Kinder werden angesprochen.

Die Familie ist dem zuständigen Jugendamt bekannt. Es ist bereits eine sozialpädagogische Familienhelferin installiert worden. Diese Maßnahme ist im März letzten Jahres ausgelaufen. Hintergrund der Hilfe des zuständigen Jugendamtes war die stark gestörte Beziehung u. a. mit Gewalteinwirkung zwischen den Eheleuten.

Die Sachbearbeiterin des Jugendamtes erklärt, dass die ältere Tochter sich einen Umgang mit ihrem Vater durchaus vorstellen kann. Jedoch in reduzierter Form. Zu Hause sei die Form des begleiteten Umgangs bereits erörtert worden. Dies könne sie sich auch so vorstellen.

Die ältere Tochter habe geäußert, dass die Zeit ohne Umgang für sie auch okay gewesen sei, sie habe dann die Zeit anders nutzen können.

Die Sachbearbeiterin des Jugendamtes schlägt grundsätzlich einen begleiteten Umgang vor, da da auch Elterngespräche stattfinden.

Das Gericht schlägt vor, dass ein unbegleiteter Umgang stattfinden könnte in der Form, dass er reduziert würde auf alle zwei Wochen einen Tag am Wochenende.

B. u. v.:

Sodann sollen die Kinder in Abwesenheit der Beteiligten angehört werden.

Sodann erscheint die ältere Tochter und die jüngere Tochter wird von ihrer Mutter gebracht. Sie möchte aber nicht hier im Sitzungssaal alleine bleiben und ihre Mutter bringt sie auf Grund der Weigerung des Kindes wieder hinaus.

Es wird sodann ein ausführliches Gespräch mit der älteren Tochter geführt. Diese macht einen sehr aufgeschlossenen Eindruck. Sie erklärt auf Nachfrage, dass sie weiß, um was es gehe. Es gehe um den Umgang mit ihrem Vater. Sie habe bereits mit ihrer Mutter ausführlich über einen begleiteten Umgang gesprochen. Dies sei ihrer Auffassung nach auch in Ordnung.

Die ältere Tochter wurde gefragt, warum sie denn sich für einen begleiteten Umgang, also nicht im Hause ihres Vaters, sondern in einer Einrichtung ausspreche. Sie gab daraufhin an, dass es bei ihrem Vater immer sehr unordentlich sei. Sie fühle sich dort nicht immer wohl. Die Atmosphäre sei nicht so gut. Sie habe das ihrem Vater auch oft gesagt und dieser habe lediglich gesagt, dass er dies nicht allein schaffe und sie dann helfen müsse.

Der älteren Tochter wurde der Vorschlag unterbreitet, dass gegebenenfalls statt des begleiteten Umgangs ein Umgangsrecht in der Form stattfinden soll, dass an jedem zweiten Wochenende ein Tag beim Vater verbracht werden soll, so 10.00 Uhr bis 18.00 Uhr.

Die ältere Tochter überlegte sehr lange, ob dies für sie okay ist. Sie sagte dann abschließend, dass es ihr lieber wäre, dass der Umgang erst um 11.00 Uhr stattfinde, weil nämlich dann im Fernsehen die Maus käme und die könne sie dann gucken.

Es wurde der älteren Tochter der Vorschlag unterbreitet, dass man den Umgang auf Samstags legt. Dann habe sie kein Problem mit der Fernsehsendung. Damit erklärte sich die ältere Tochter dann auch einverstanden.

Die Sachlage wird nochmals erörtert. Das wesentliche Ergebnis der Anhörung wird den Parteien bekannt gegeben. Sodann schließen die Parteien über die Umgangsregelung folgende

Vereinbarung:

1. Der Antragsteller hat das Recht, die beiden Kinder, Samstags im vierzehntägigen Rhythmus, beginnend ab dem 07.01.2012, in der Zeit von 10.00 Uhr bis 18.00 Uhr zu sich zu nehmen.

2. Die Antragsgegnerin bringt die beiden Kinder zum Umgangskontakt zum Wohnort des Vaters.

   Der Antragsteller bringt die Kinder dann nach Abschluss des Umganges zurück in den Haushalt der Kindesmutter.

3. Beide Elternteile erklären sich zu einem unangemeldeten Besuch im Haushalt durch das zuständige Jugendamt bereit.

Vermerk wurde fertiggestellt am: 03.01.2012

Richterin am Amtsgericht

Justizbeschäftigte
als Urkundsbeamtin der Geschäftsstelle
zugleich für die Richtigkeit und Vollständigkeit
der Übertragung vom Tonträger.

Der Tonträger wird frühestens 1 Monat
nach Zugang des Vermerks gelöscht,
sofern keine Einwendungen erhoben werden.

Beglaubigt:

Amtsinspektorin
als Unkundsbeamtin der Geschäftsstelle

12. Beschluss des Amtsgerichts:[13]

Beschluss

In der Familiensache

Herr A. – **Antragsteller –**

gegen

Frau G. – **Antragsgegnerin –**

Weitere Beteiligte:

Kinder 1) und 2)

Jugendamt

wegen einstweiliger Anordnung Umgangsrecht

hat das Amtsgericht – Familiengericht – durch die Richterin am 03.01.2012 beschlossen:

Die Gerichtskosten des Verfahrens tagen der Antragsteller und die Antragsgegnerin je zur Hälfte. Die außergerichtlichen Kosten werden nicht erstattet.

---

[13] 03.01.2012

Gründe:

Die Kostenentscheidung beruht auf §§ 51 Abs. 4, 81 Abs. 1 Satz 1 FamFG. Für die Kosten des Verfahrens der einstweiligen Anordnung gelten die allgemeinen Vorschriften.

Richterin

II. Scheidung (2011/2012)

1. Schreiben des Standesamtes:[14]

Ihre Urkundenbestellung vom 03.03.2010

Urkundenart: Ablichtung aus dem Eheregister

Anzahl: 1

Sehr geehrte Frau G.,

beigefügt erhalten Sie die gewünschte Personenstandsurkunde.

Die Urkundengebührt beträgt nach Tarifstelle 5b der Allgemeinen Verwaltungsgebürenordnung (GebG) 10,00 EUR zuzüglich der Nachnahmegebühr.

Der Betrag wurde bereits durch Postzustellung erhoben.

Mit freundlichen Grüßen

Ihre Standesbeamtin / Ihr Standesbeamter

[14] 03.03.2010

2. <u>Schreiben Kanzlei „Schleiereule":</u>[15]

Sehr geehrter Herr Kollege,

Da das Trennungsjahr am 16.12.2011 abläuft, hat uns unsere Mandantin beauftragt, dann den Antrag auf Scheidung einzureichen.

Wir gehen davon aus, dass Sie Ihren Mandanten im Scheidungsverfahren vertreten und werden Sie im Rubrum benennen.

Mit freundlichem kollegialem Gruß

Rechtsanwältin

[15] 31.10.2011

3. Schreiben Kanzlei „ehr&wehr":[16]

Sehr geehrte Frau Kollegin,

gegen ein Ehescheidungsverfahren hat unser Mandant keine Einwendungen.

Sie können uns als Zustellungs- und Verfahrensbevollmächtigte angeben.

Mit freundlichen kollegialen Grüßen

Rechtsanwalt

[16] 02.11.2011

4. <u>Schreiben Kanzlei „ehr&wehr“:</u>[17]

Sehr geehrte Frau Kollegin,

in der Angelegenheit wegen Trennung und Scheidung der Eheleute wird Ihre Mandantin hiermit aufgefordert, der gemeinsamen Einkommenssteuerveranlagung für das Jahr 2010 zuzustimmen.

Wie unser Mandant erfuhr, hat Ihre Mandantin die getrennte Veranlagung beantragt. Hiermit ist unser Mandant nicht einverstanden.

Ihre Mandantin sollte respektieren, dass nach der allgemein anerkannten rechtlichen Situation die Eheleute gegenseitig verpflichtet sind, die günstigere Art der Steuerveranlagung zu wählen.

Die Zustimmung Ihrer Mandantin wird innerhalb einer Woche ab dem Datum dieses Schreibens erwartet.

Unser Mandant hat mit dem zuständigen Sachbearbeiter des Finanzamts Kontakt aufgenommen. Dort ist man bereit, die Sache „auf dem kleinen Dienstweg“ kurzfristig zu bearbeiten.

Mit freundlichen kollegialen Grüßen

Rechtsanwalt

---

[17] 08.11.2011

5. Schreiben Kanzlei „Schleiereule“:[18]

Antrag auf Ehescheidung

der **Frau G.** – Antragstellerin –

gegen

Herrn A. – Antragsgegner –

Wir zeigen unter Vorlage der besonderen Prozessvollmacht die anwaltliche Vertretung der Antragstellerin für dieses Ehescheidungsverfahren an.

Es wird beantragt wie folgt zu erkennen:

Die am 26.07.2001 vor dem Standesbeamten geschlossene Ehe der Parteien wird geschieden.

Begründung:

1. Die Parteien haben ausweislich der beglaubigten Abschrift aus dem Familienbuch vor dem Standesbeamten des Standesamtes am 26.07.2001 die Ehe miteinander geschlossen.

[18] 22.12.2011

Beweis:
Beglaubigte Abschrift aus dem Familienbuch
vom 26.07.2001 (Anlage **A1**)

2. Die Antragstellerin ist in A., der Antragsgegner in B. geboren worden.

Beweis:
Vorlage der Personalausweise im Termin

3. Aus der Ehe der Parteien sind die beiden Kinder hervorgegangen. Beide Kinder leben bei der Antragstellerin.

4. Die Beteiligten haben bisher keine Regelung über die elterliche Sorge und über den Umgang getroffen.
Eine Regelung über den Kindesunterhalt liegt vor.
Die Rechtsverhältnisse an der Ehewohnung und den Haushaltsgegenständen sind geklärt.

5. Ein einstweiliges Anordnungsverfahren bezüglich des Umgangsrechts ist beim Amtsgericht anhängig. Ein Anhörungstermin wurde für den 02.01.2012 anberaumt.

6. Die örtliche Zuständigkeit des angerufenen Gerichts ergibt sich aus § 122 Nr. 1 FamFG. Die beiden gemeinsamen minderjährigen Kinder haben mit der Antragstellerin ihren gewöhnlichen Aufenthalt im Bezirk des Amtsgerichts.

7. Der Scheidungsantrag wird auf die §§ 1564, 1565 Abs. 1 BGB gestützt. Die Ehe der Beteiligten ist gescheitert. Die Beteiligten

leben seit dem 16.12.2010 voneinander getrennt. Der Antragsgegner ist an diesem Tag aus der ehelichen Wohnung ausgezogen. Die Anhörung nach § 128 FamFG wird ergeben, dass eine Wiederherstellung der ehelichen Lebensgemeinschaft zwischen den Beteiligten ausgeschlossen ist.

Beweis:
Anhörung der Beteiligten im Termin

8. Der Versorgungsausgleich soll durchgeführt werden. Es wird um Übersendung der entsprechenden Formulare gebeten.

Eine beglaubigte und eine einfache Fotokopie fügen wir in der Anlage bei.

Rechtsanwältin

6. Schreiben Amtsgericht:[19]

In Sachen

G. ./. A.

Wg. Scheidung

Sehr geehrte Damen und Herren Rechtsanwälte,

der eingereichte Antrag wird unter Aktenzeichen xy bearbeitet.

Die Zustellung an die Gegenseite wurde heute veranlasst.

Mit freundlichen Grüßen
Auf Anordnung

Justizsekretärin

Dieses Schreiben wurde elektronisch erstellt und ist ohne Unterschrift gültig.

---

[19] 11.01.2012

7. Schreiben Kanzlei „ehr&wehr“:[20]

In der Familiensache

G. ./. A.

Wegen Ehescheidung

Bestellen wir uns zu Verfahrensbevollmächtigten des Antragsgegners.

Wir beantragen auch für den Antragsgegner,

die am 26.07.2001 vor dem Standesbeamten zu Heiratsregister geschlossene Ehe der Parteien zu scheiden.

Zutreffend ist, dass die Ehe der Parteien zerrüttet ist. Eine Wiederherstellung der ehelichen Lebensgemeinschaft ist ausgeschlossen.

Die Ausführungen der Antragstellerin in der Antragsschrift sind im Wesentlichen zutreffend. Eine Regelung bezüglich der Haushaltsgegenstände ist allerdings bisher nicht erfolgt. Es ist jedoch davon auszugehen, dass dies kurzfristig erfolgen wird.

Rechtsanwalt

[20] 16.01.2012

8. Schreiben Amtsgericht:[21]

In Sachen

G. ./. A.

Wg. Scheidung

Sehr geehrte Damen und Herren Rechtsanwälte,

als Anlage wird Ihnen die bei Gericht eingegangene Antragsschrift auf Scheidung Ihrer Mandantschaft zugestellt.

Für die Scheidung der Ehe und für die Folgesachen, zum Beispiel Regelung der elterlichen Sorge, des Umgangsrechts, des Unterhalts, der Ehewohnung, des Haushalts, des Versorgungsausgleichs und der Güterrechtsangelegenheiten, ist ausschließlich das Familiengericht zuständig.

Ist bereits ein solches Verfahren anhängig, wird um Angabe der Geschäftsnummer gebeten.

Wenn eine Verteidigung beabsichtigt ist, werden Sie aufgefordert innerhalb von

[21] 18.01.2012

2 Wochen

ab Zustellung zur Antragsschrift in der Hauptsache schriftlich Stellung zu nehmen.

Der Sachvortrag zu den einzelnen Folgesachen soll jeweils in getrennten Schriftsätzen je vierfach eingereicht werden.

Mit freundlichen Grüßen
Auf Anordnung

Justizbeschäftigte

Dieses Schreiben wurde elektronisch erstellt und ist ohne Unterschrift gültig.

9. Schreiben Kanzlei „Schleiereule“:[22]

In der Familiensache

G.

gegen

A.

wird zur Durchführung des Versorgungsausgleichs für die Antragstellerin der Fragebogen zum Versorgungsausgleich zur Akte gereicht.

Rechtsanwältin

[22] 23.01.2012

10. Schreiben Kanzlei „Schleiereule“:[23]

G./A.

Sehr geehrte Frau G.,

anbei übersenden wir Ihnen Fotokopie des Fragebogens zum Versorgungsausgleich der Gegenseite mit Bitte um Kenntnisnahme, Verbleib bei Ihren Unterlagen, Prüfung auf Richtigkeit, Anruf.

Mit freundlichem Gruß

Rechtsanwältin

[23] 31.01.2012

11. Schreiben Kanzlei „Schleiereule“:[24]

In der Familiensache

G.

gegen

A.

wird Bezug genommen auf den übersandten Fragebogen zum Versorgungsausgleich des Antragsgegners und zu den dort gemachten Angaben vor der Antragstellerin folgendes mitgeteilt:

Zu 1. Personalien:
Der Antragsgegner besitzt die doppelte Staatsangehörigkeit – deutsch und argentinisch.

Zu 4. Zusatzversorgung:
Der Antragsgegner war im öffentlichen Dienst und auch im kirchlichen Bereich tätig und müsste daher für seine Tätigkeiten im Land eine Zusatzversorgung bei der VBL gehabt haben bzw. bei der Zusatzversorgungskasse.

Zu 5. Beamter:
Der Antragsgegner war Beamter auf P. bzw. auf W. und zwar zu folgenden Zeiten:

[24] 08.02.2012

01.04.2000 bis 30.09.2002: Beamter auf P.

01.10.2002 bis mindestens 30.09.2006: Beamter auf W.

Die Kirche müsste hier Versorgungsträger gewesen sein.

Zu 7. Private Altersvorsorge:

Der Antragsgegner hat mehrere private Altersvorsorgeverträge und zwar im einzelnen:

a) Lebensversicherungs-AG, kapitalbildende Lebensversicherung, Versicherungsnummer.
b) Kapitalbildende Lebensversicherung bei Lebensversicherungs-AG, Versicherungsnummer.
c) Lebensversicherung incl. private Berufsunfähigkeitsversicherung bei Versicherungs-AG, Versicherungsnummer.

Zu 8. Sonstige Alters- bzw. Invaliditätsversorgung:

Der Antragsgegner hat eine private Berufsunfähigkeitsversicherung bei der Versicherungs-AG, Versicherungsnummer.

Zu 9. Leistungen wegen Invalidität:

Möglicherweise erhält der Antragsgegner Invaliditätsleistungen seit seinem Schlaganfall am 01.08.2011 von den Versicherungen:

a) Die Versicherung, Versicherungsnummer.
b) Versicherung, Versicherungsnummer.

Der Antragsgegner sollte hier noch ergänzende Angaben machen.

Rechtsanwältin

12. <u>Schreiben Kanzlei „ehr&wehr":</u>[25]

In der Familiensache

G. ./. A.

geht der Antragsgegner zur Zeit davon aus, dass ihm wegen der Kurzzeitigkeit seiner Beschäftigungen im kirchlichen Dienst die eventuell bestehende Zusatzversorgung erstattet worden ist. Während des Dienstes bestand keine Zusatzversorgung, da dieser Dienst nicht im Angestelltenverhältnis abgeleistet wurde. Der Antragsgegner ist jedoch bemüht, in seinen Unterlagen noch irgendetwas zu eventueller Zusatzversorgung aufzufinden. Wegen seines Umzugs und seiner derzeitigen schlaganfallsbedingten körperlichen Beeinträchtigung bestehen hier jedoch zur Zeit noch Schwierigkeiten.

Rechtsanwalt

[25] 10.02.2012

13. Schreiben Kanzlei „ehr&wehr“:[26]

In der Familiensache

G. ./. A.

danken wir namens des Antragsgegners für die Ausführungen der Antragstellerin zu potentiellen Anwartschaften auf Seiten des Antragsgegners im Schriftsatz vom 07.02.2012.

Der Antragsgegner hat in der Zwischenzeit verschiedene Unterlagen gefunden. Zu den einzelnen im Schriftsatz der Antragstellerin vom 07.02.2012 angesprochenen potentiellen Versorgungen und Versicherungen wird seitens des Antragsgegners wie folgt Auskunft gegeben und Stellung genommen:

1)

Wir überreichen in Kopie Versicherungsnachweise der Versorgungsanstalt des Bundes und der Länder vom Januar 2010. Ergänzend hierzu Schreiben der Oberfinanzdirektion vom 19.10.2009, ebenfalls in Kopie.

2)

Der Antragsgegner war in der Tat vorrübergehend Beamter auf P. durch den Dienst in der Kirche. Diese Zeiten sind durch den vormaligen Dienstherrn nach Kenntnis des Antragsgegners bei der

[26] 19.03.2012

Rentenversicherung nachgezahlt worden mit dem Ausscheiden aus dem Dienst.

3)

Bei der von der Antragstellerin genannten Versicherung handelt es sich um eine Krankenversicherung.

4)

Bei den Versicherungsverträgen mit der AG handelt es sich sämtlich um kapitalbildende Lebensversicherungen. Zu einer Lebensversicherung bestand eine Berufsunfähigkeitszusatzversicherung. Diese Lebensversicherung ist einschließlich der Berufsunfähigkeitsversicherung nach Erinnerung des Antragsgegner schon vor einiger Zeit gekündigt worden. Die weiteren kapitalbildenden Lebensversicherungen sind ruhend gestellt. Zur Berücksichtigung im Versorgungsausgleich kommen sie nicht in Frage.

Rechtsanwalt

14. Schreiben Kanzlei „Schleiereule“:[27]

G./A.

Sehr geehrte Frau G.,

wir übersenden Ihnen anliegend die Auskunft bezüglich Ihrer Altersversorgung. Diese wird das Gericht der Entscheidung über den Ausgleich der Versorgungsanwartschaften zwischen den Ehegatten zugrunde legen, sofern keine Beanstandungen erhoben werden. Die Auskunft hat daher insbesondere Bedeutung für Ihre spätere Altersversorgung.

Wir möchten darauf hinweisen, dass eine Überprüfung der inhaltlichen Richtigkeit durch den Rechtsanwalt nicht erfolgen kann.

Wir empfehlen Ihnen, mindestens die in der Auskunft angegebenen Versicherungszeiten zu überprüfen. Die darauf aufbauende Rentenberechnung dürfte dann jedenfalls zum jetzigen Zeitpunkt zutreffend sein.

Bitte übersenden Sie uns diese Auskunft **umgehend nach Prüfung** wieder zurück.

Mit freundlichem Gruß

Rechtsanwalt

[27] 12.04.2012

15. Schreiben Amtsgericht:[28]

In Sachen

G. ./. A.

wg. Scheidung

Sehr geehrte Frau G.,

im oben bezeichneten Verfahren wurde Haupttermin in Scheidungs- und Folgesachen bestimmt auf:

Dienstag, den 03.07.2012, um 8.45 Uhr
Im Justizgebäude.

Zu diesem Termin werden Sie hiermit geladen.

Ihr persönliches Erscheinen zum Termin ist angeordnet.

Mit freundlichen Grüßen
Die Geschäftsstelle des Amtsgerichts

Justizsekretärin
Dieses Schreiben wurde elektronisch erstellt und ist ohne Unterschrift gültig.

---

[28] 06.06.2012

16. Schreiben Amtsgericht:[29]

In Sachen

G. ./. A.

wg. Scheidung

Sehr geehrte Frau G.,

der Ihnen mitgeteilte Termin in diesem Verfahren am 03.07.2012, 08.45 Uhr, wurde aufgehoben.

Grund:
Mutter-Kind-Kur der Antragstellerin.

Die brauchen daher zu diesem Termin n i c h t zu erscheinen.

Neuer Termin ist bestimmt worden auf:

Dienstag, den 24.07.2012, um 11.45 Uhr
Sitzungssaal.

Zu diesem Termin werden Sie hiermit unter ausdrücklichem Hinweis auf die in Ihrer letzten Ladung angegebenen Folgen im Falle Ihres Nichterscheinens geladen.

[29] 15.06.2012

Mit freundlichen Grüßen

Die Geschäftsstelle des Amtsgerichts

Justizsbeschäftigte

Dieses Schreiben wurde elektronisch erstellt und ist ohne Unterschrift gültig.

17. Beschluss des Amtsgerichts:[30]

IM NAMEN DES VOLKES

Beschluss

In der Familiensache

G., **- Antragstellerin -**

gegen

A., **- Antragsgegner -**

wegen Scheidung und Folgesachen

hat das Amtsgericht – Familiengericht – durch den Direktor des Amtsgerichts am 24.07.2012 beschlossen:

1. Die am 26.07.2001 vor dem Standesbeamten (Heiratsregister) geschlossene Ehe wird geschieden.

2. Im Wege der internen Teilung wird zu Lasten des Anrechts der Antragstellerin zugunsten des Antragsgegners ein Anrecht in Höhe

[30] 26.07.2012

von Entgeltpunkten auf das vorhandene Konto bezogen auf den 31.12.2011, übertragen.

Im Wege der internen Teilung wird zu Lasten des Anrechts der Antragstellerin zugunsten des Antragsgegners ein Anrecht in Höhe von 243,73 Euro monatlich auf das vorhandene Konto bezogen auf den 31.12.2011, begründet. Der Ausgleichswert ist in Entgeltpunkte umzurechnen.

Ein Ausgleich des Anrechts der Antragstellerin findet nicht statt.

Im Wege der internen Teilung wird zu Lasten des Anrechts des Antragsgegners zugunsten der Antragstellerin ein Anrecht in Höhe von Entgeltpunkten auf das vorhandene Konto bezogen auf den 31.12.2011, übertragen.

Im Übrigen findet ein Versorgungsausgleich nicht statt. Ausgleichsansprüche nach der Scheidung bleiben in dem aus den Gründen ersichtlichen Umfang vorbehalten.

3. Die Kosten des Verfahrens werden gegeneinander aufgehoben.

Direktor des Amtsgerichts

Erlass des Beschlusses (§ 38 Abs. 3 Satz 3 FamFG):
Verkündung durch Vorlesen der Beschlussformel
am 24.07.2012.

Justizsekretärin
als Urkundsbeamtin der Geschäftsstelle

Der Beschluss ist rechtskräftig bezüglich

Ziffer 1 seit: 24.07.2012

Ziffer 3 seit: 24.07.2012

Amtsgericht
26.07.2012

Justizsekretärin
Als Urkundsbeamtin der Geschäftsstelle

FSC
www.fsc.org
MIX
Papier | Fördert
gute Waldnutzung
FSC® C083411

Kolibri 360 GmbH
Ferdinand-Jühlke-Straße 7
99095 Erfurt, Deutschland
produktsicherheit@kolibri360.de

Druck:
CPI Druckdienstleistungen GmbH
im Auftrag der
Kolibri 360 GmbH
Ferdinand-Jühlke-Str. 7
99095 Erfurt